collana didattica di musiche a cura di

# Celestino Dionisi

# Dedicato al Flauto Dolce

# Le scale
## per Soprano

**ISBN | 978-88-91123-34-3**

**Youcanprint Self-Publishing**
**Via Roma, 73 - 73039 Tricase (LE) - Italy**
**www.youcanprint.it**
**info@youcanprint.it**
**Facebook: facebook.com/youcanprint.it**
**Twitter: twitter.com/youcanprintit**

Baroque Personal Trainer
http://studioemc.it/baroquetrainer/
baroquetrainer@studioemc.it

Per vedere i video relativi a questo e ad altri volumi della collana:
To view videos on this and other books in the series:
You Tube http://www.youtube.com/user/BaroqueTrainer

# Do maggiore

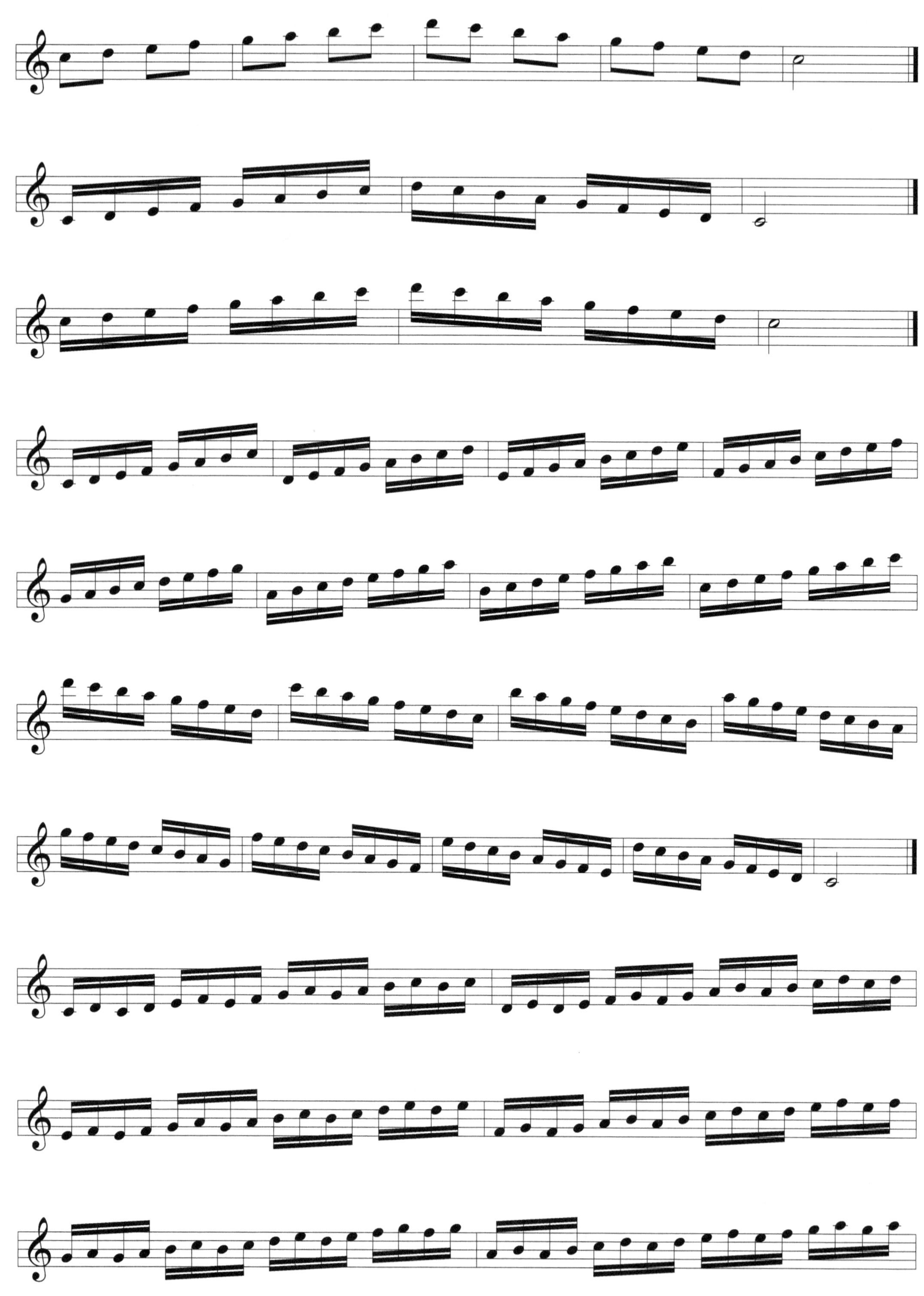

La minore armonica

La minore melodica

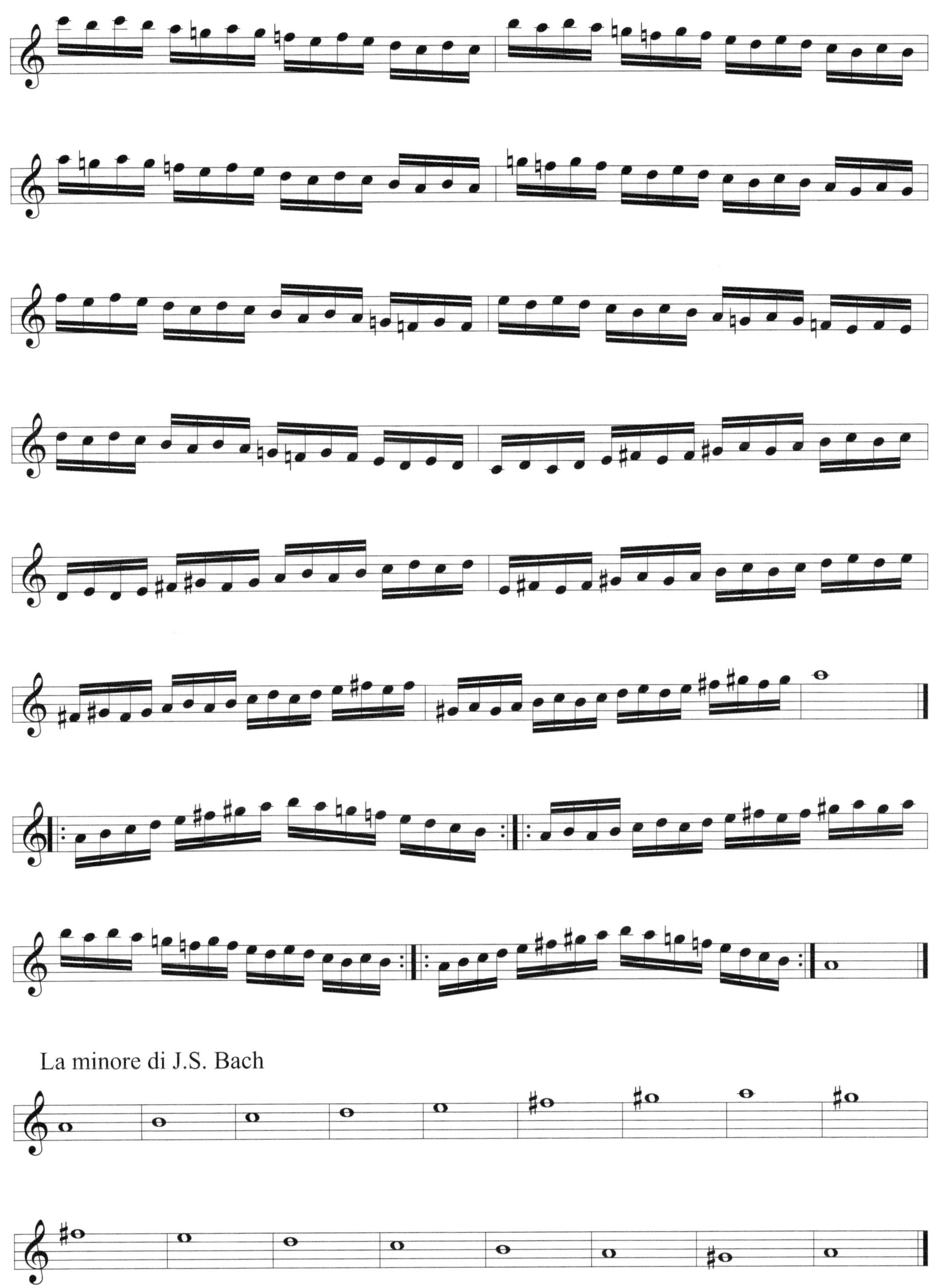

La minore di J.S. Bach

## Fa maggiore

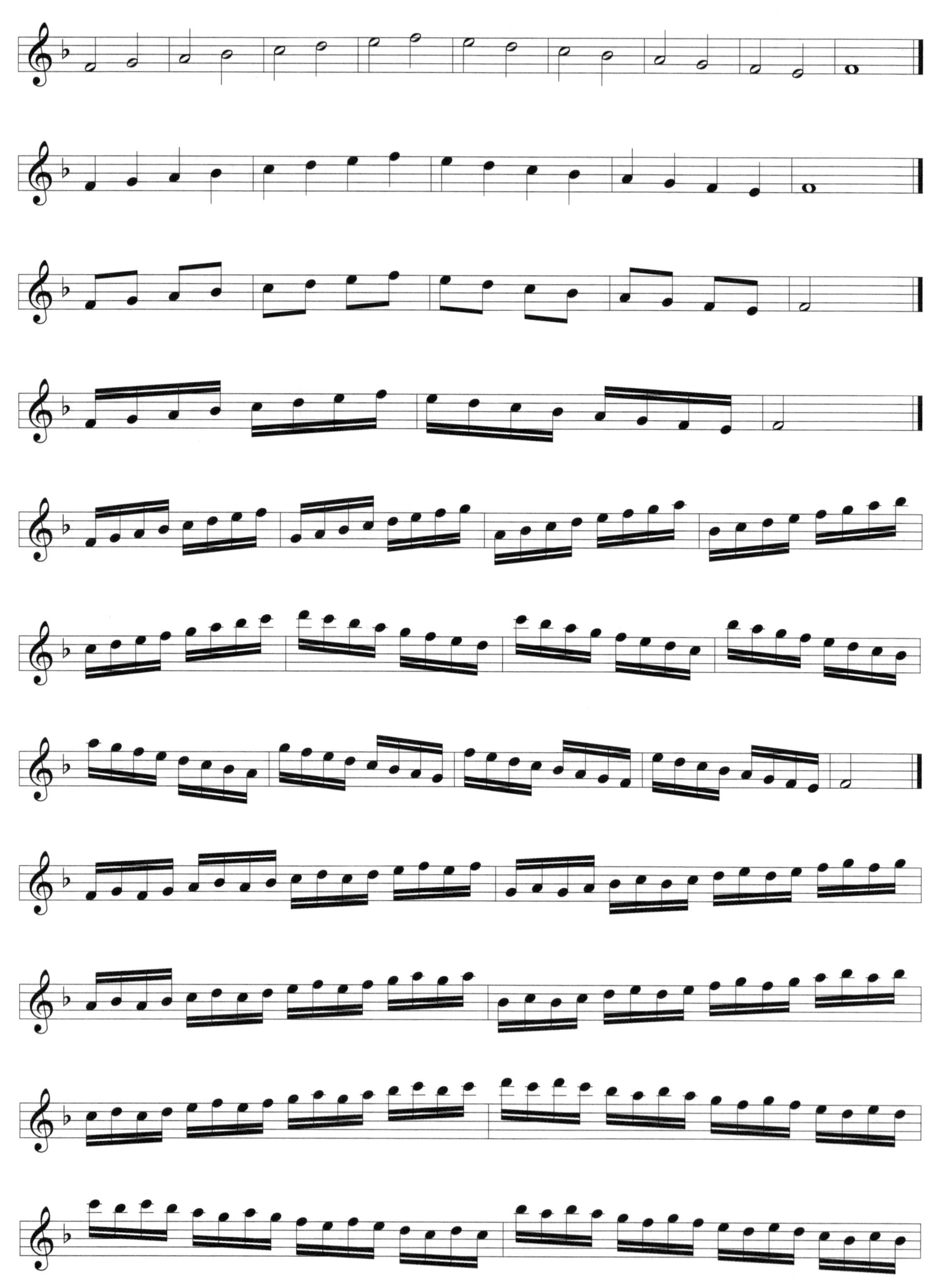

Re minore armonica
Chiudere il piedino con la gamba

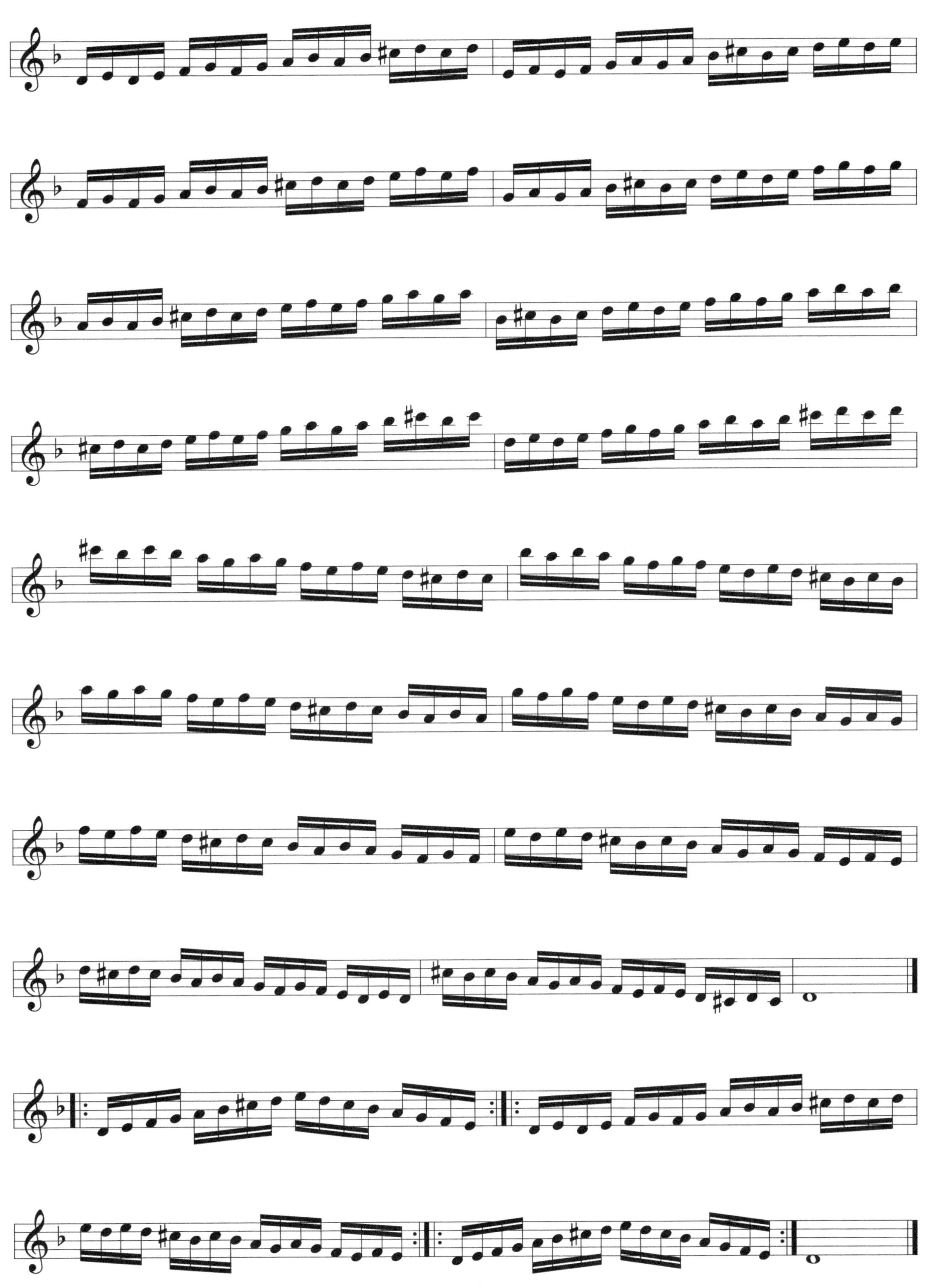

## Re minore melodica

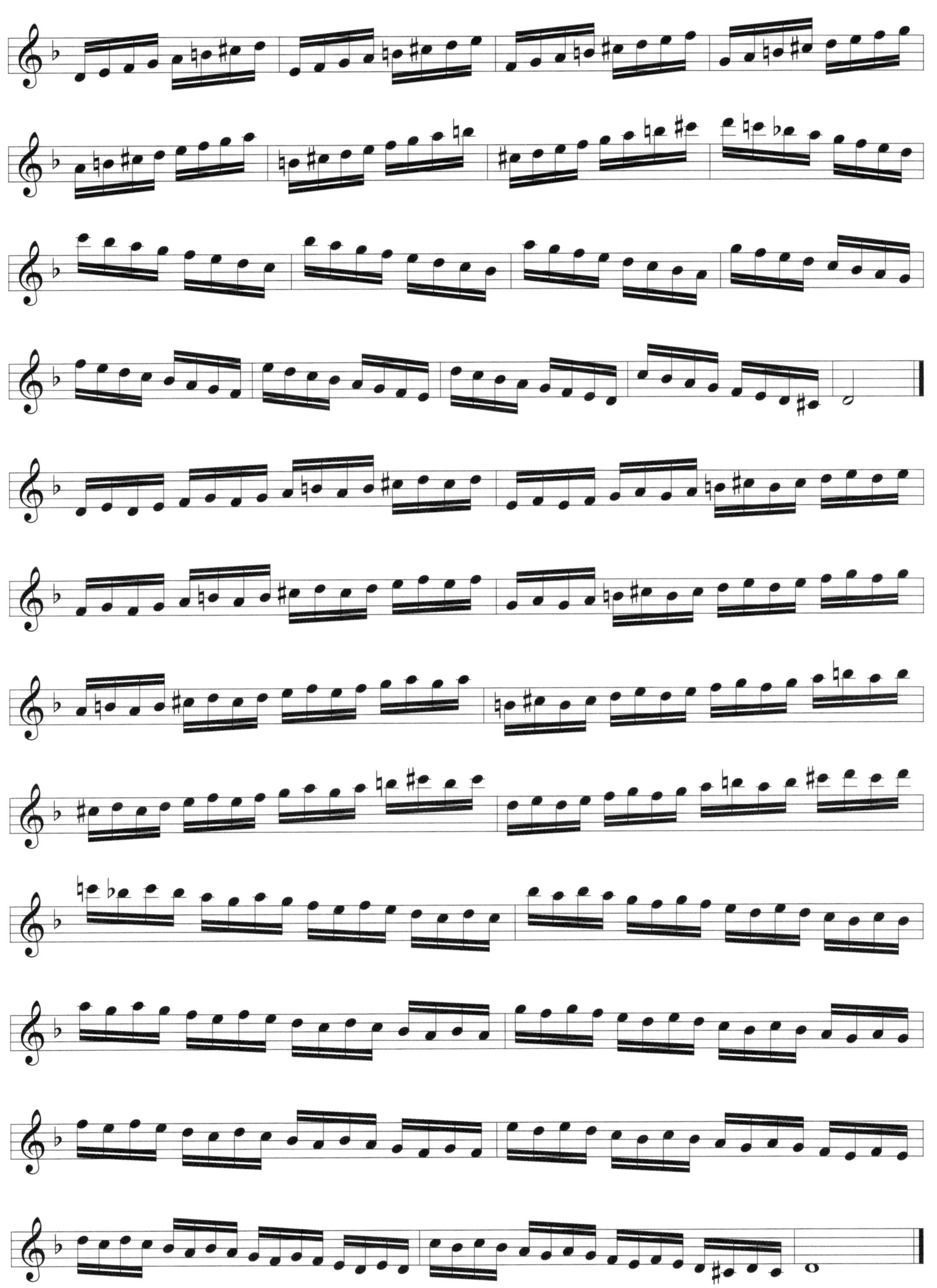

Re minore di J.S. Bach

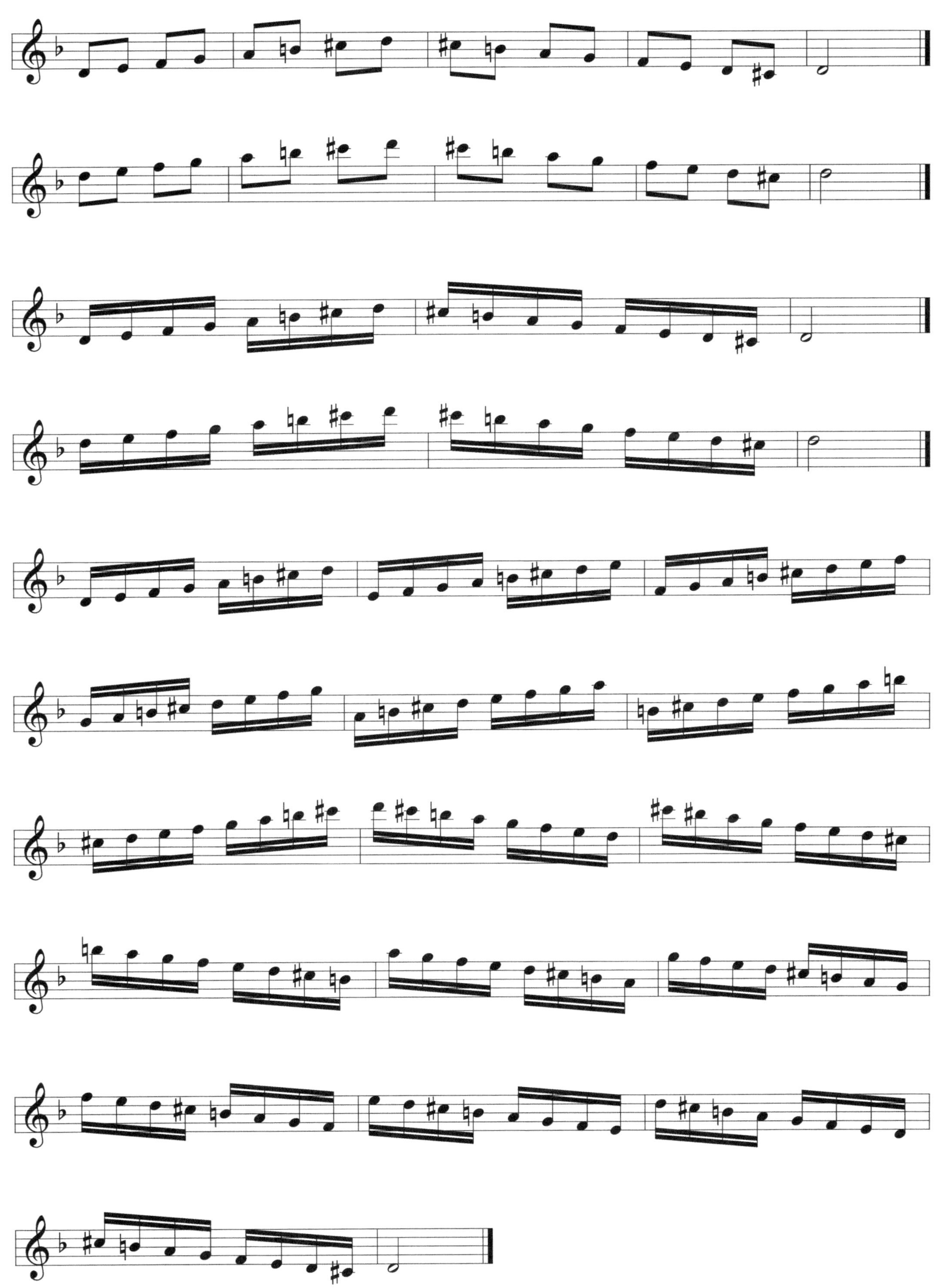

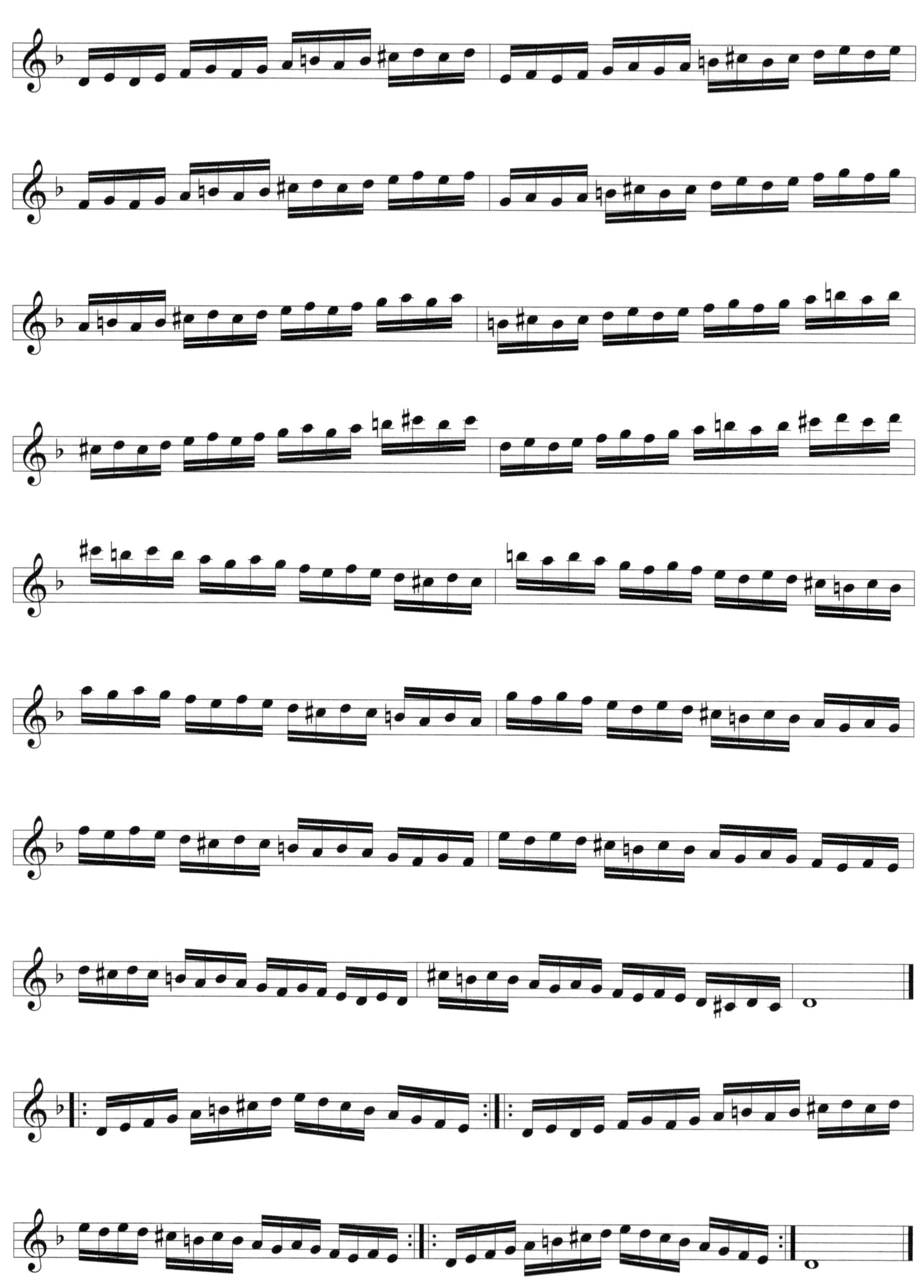

Sol maggiore

## Mi minore armonica

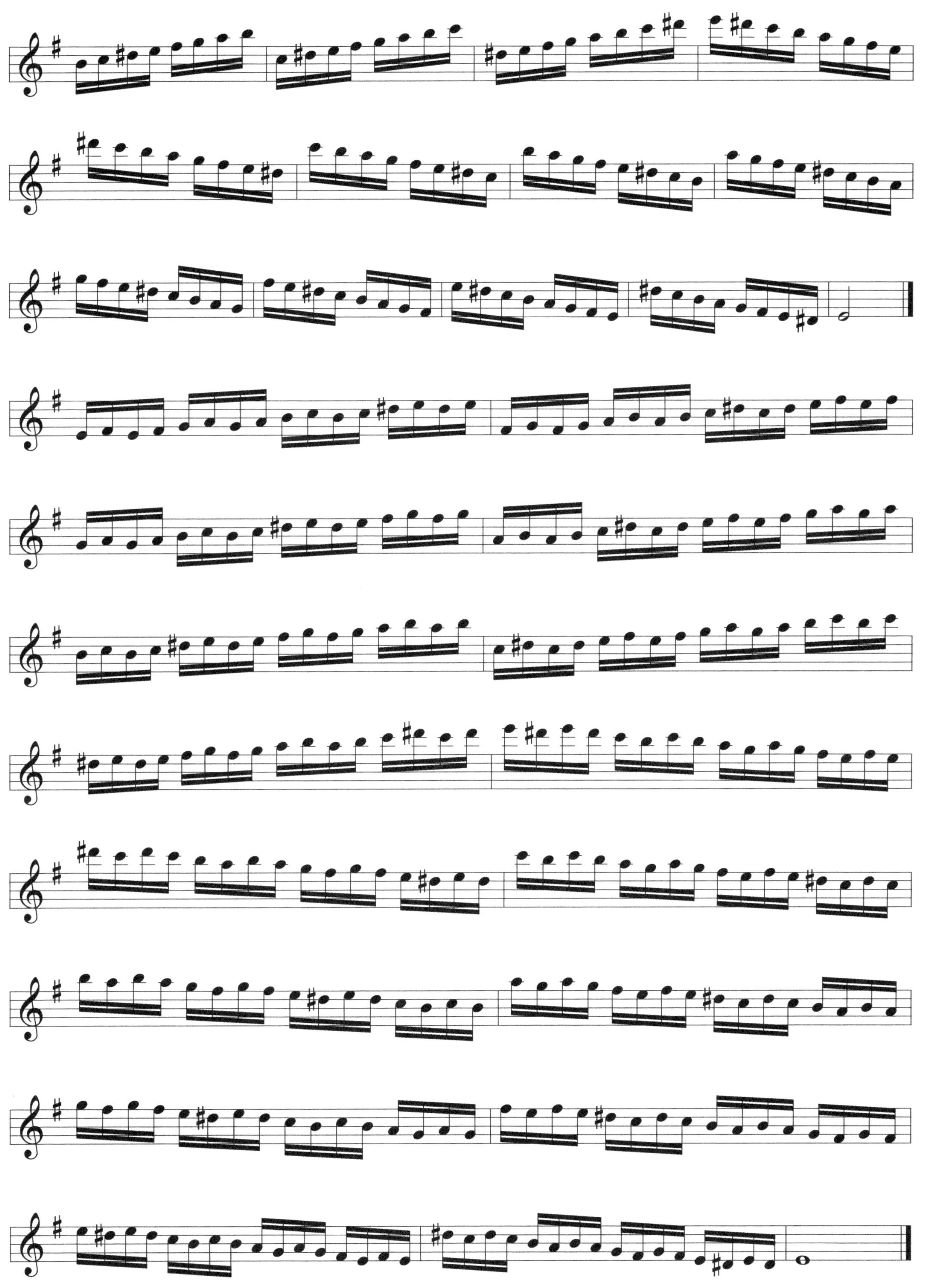

## Mi minore melodica

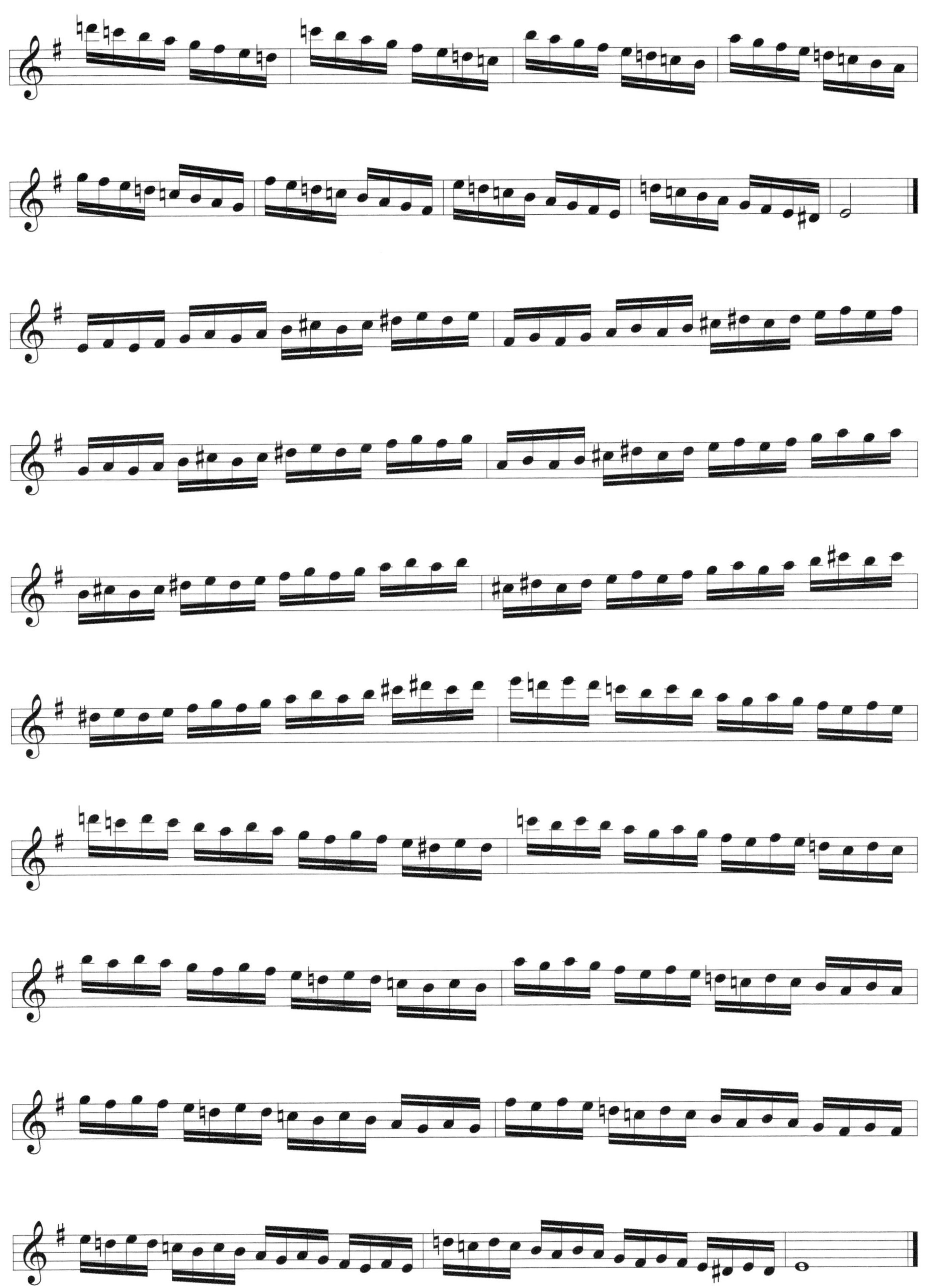

Mi minore di J.S. Bach

Si ♭ maggiore

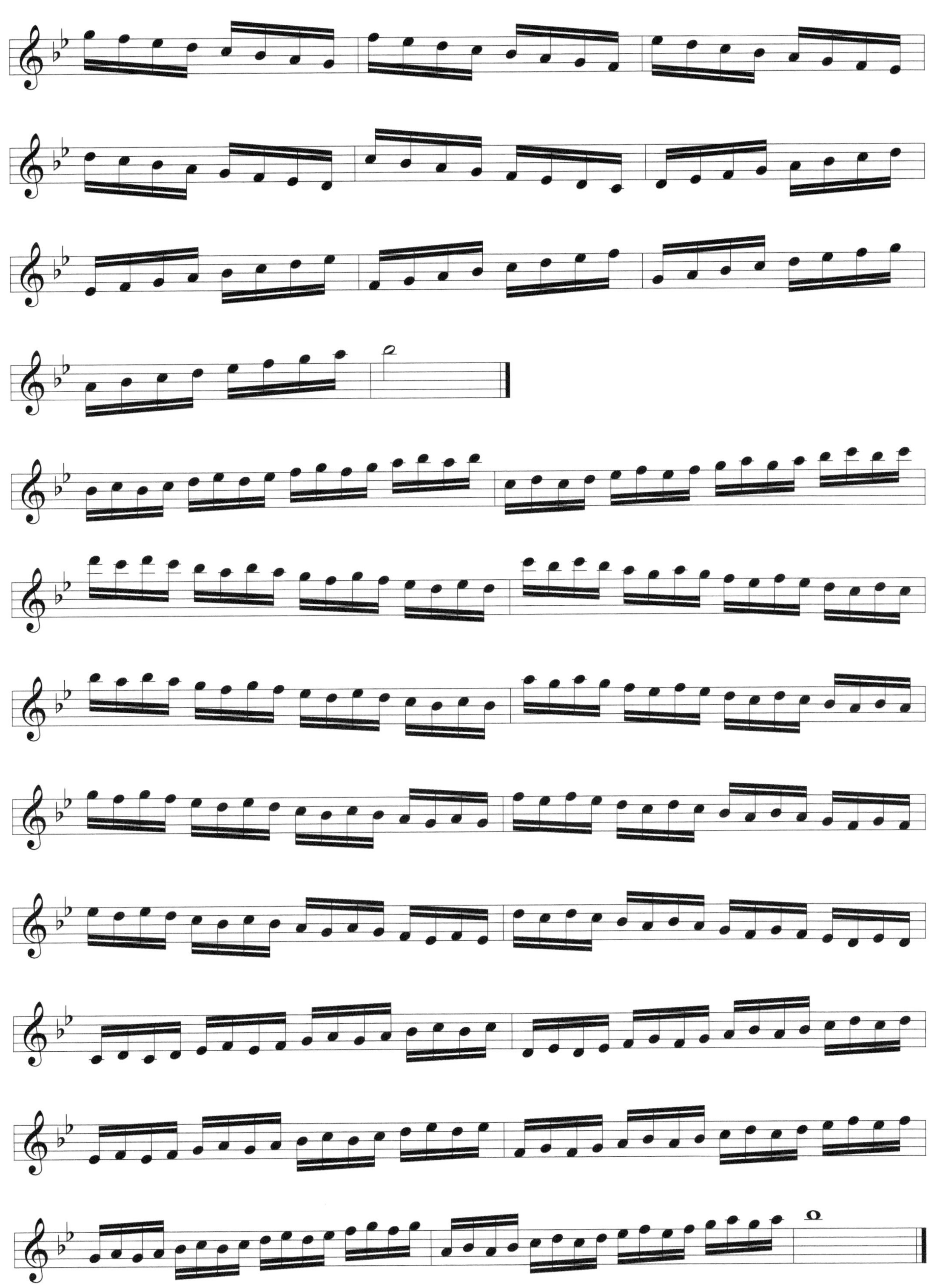

Sol minore armonica

## Sol minore melodica

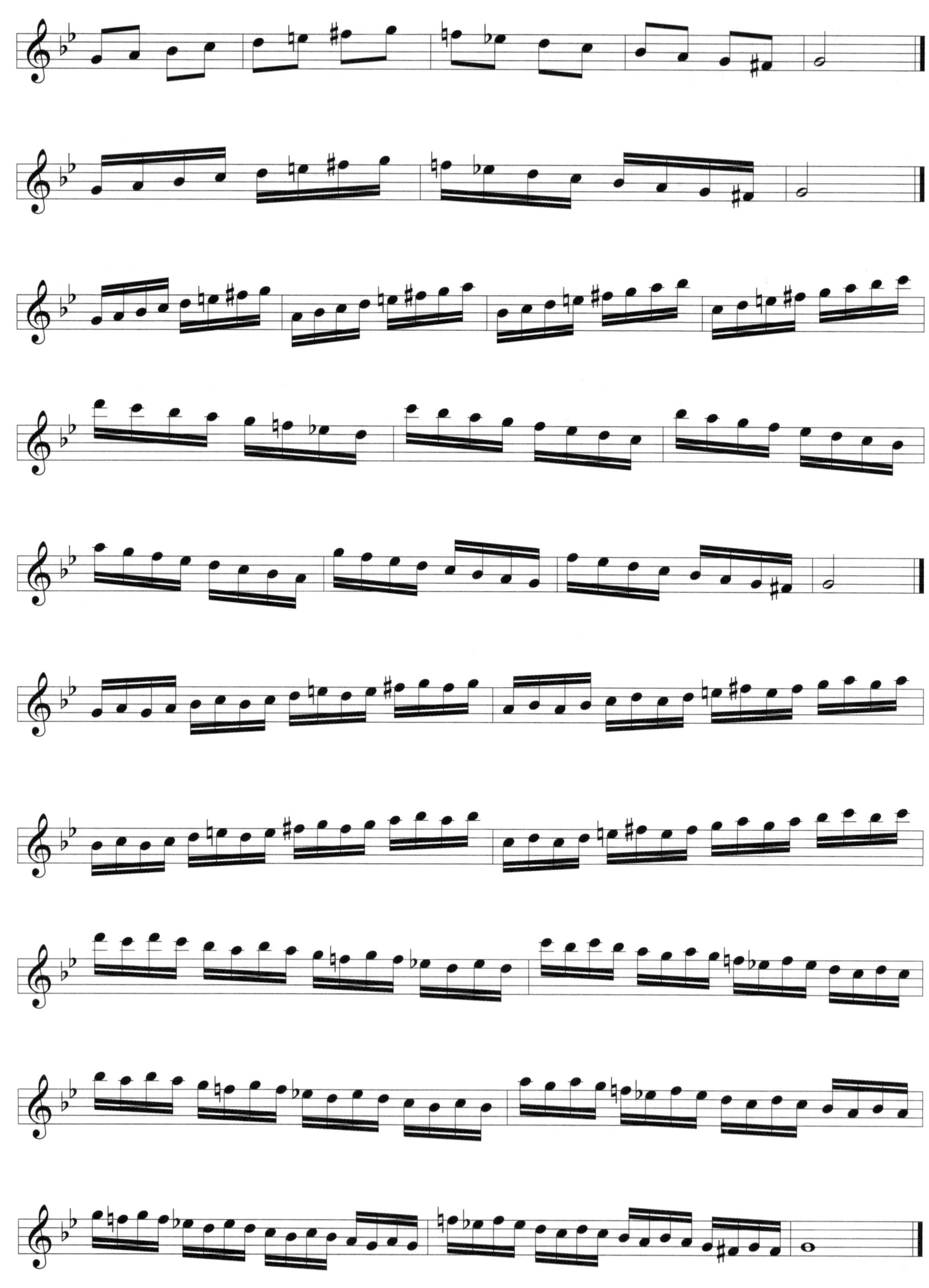

Sol minore di J.S. Bach

Re maggiore

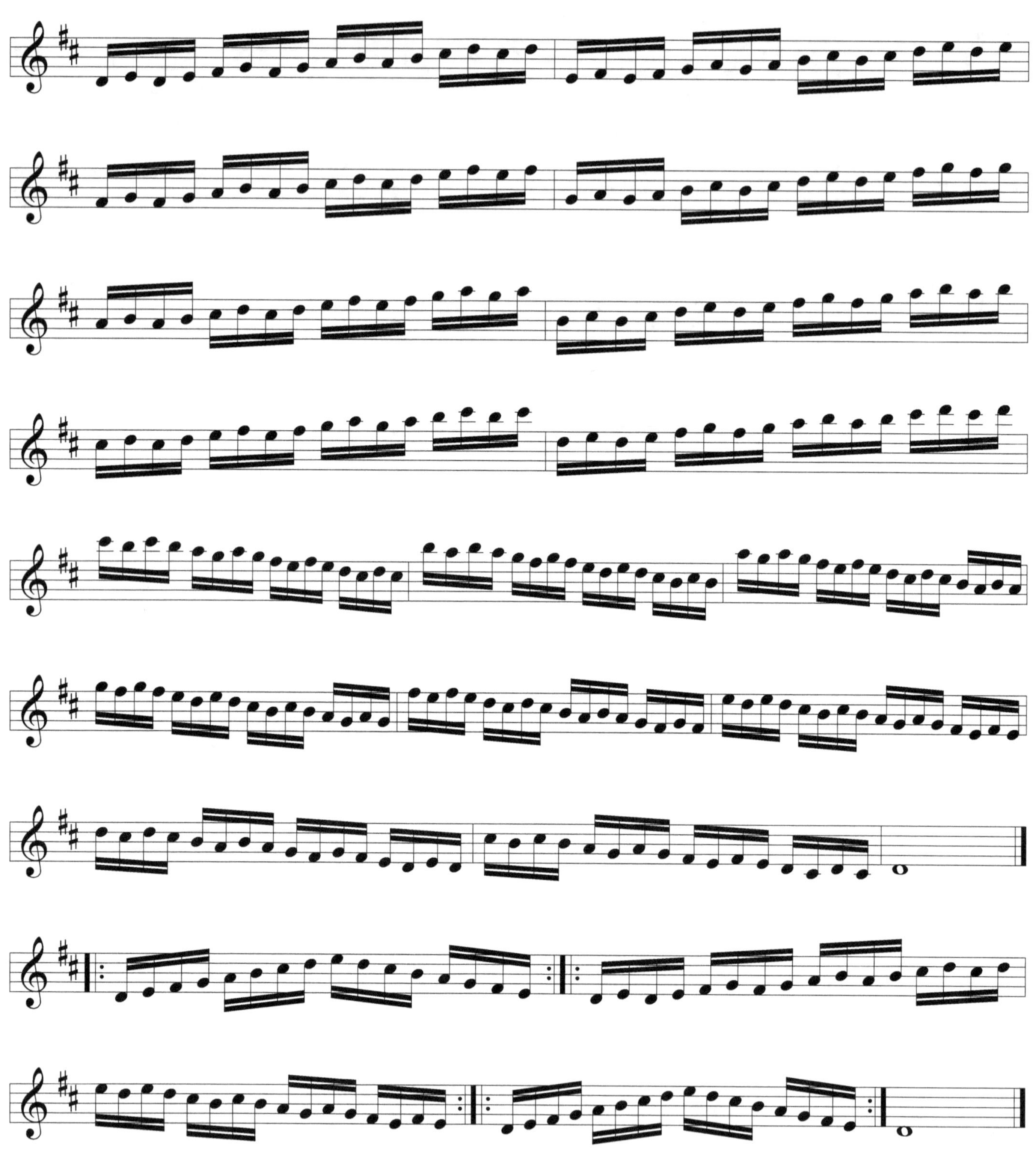

Si minore armonica

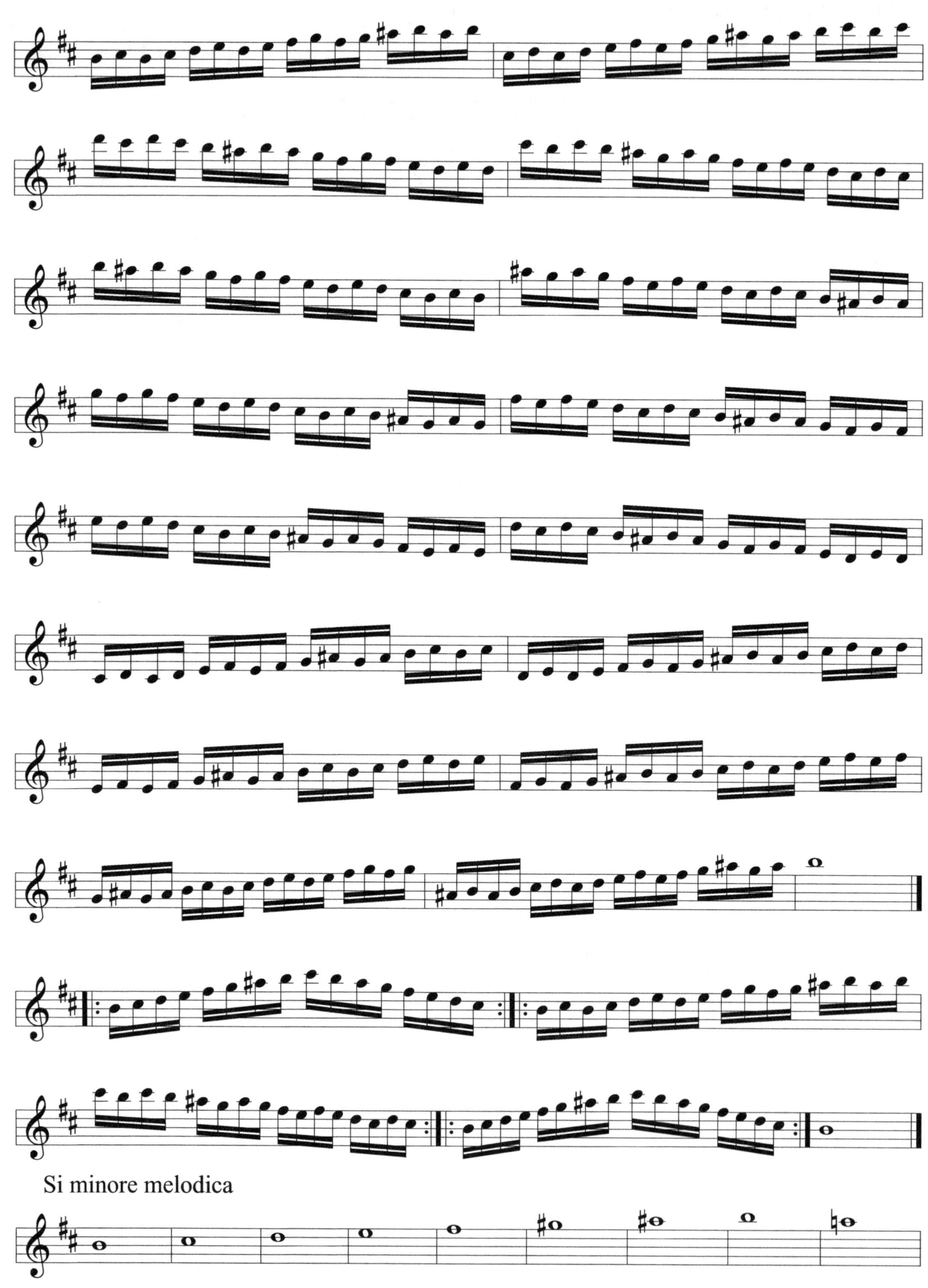
Si minore melodica

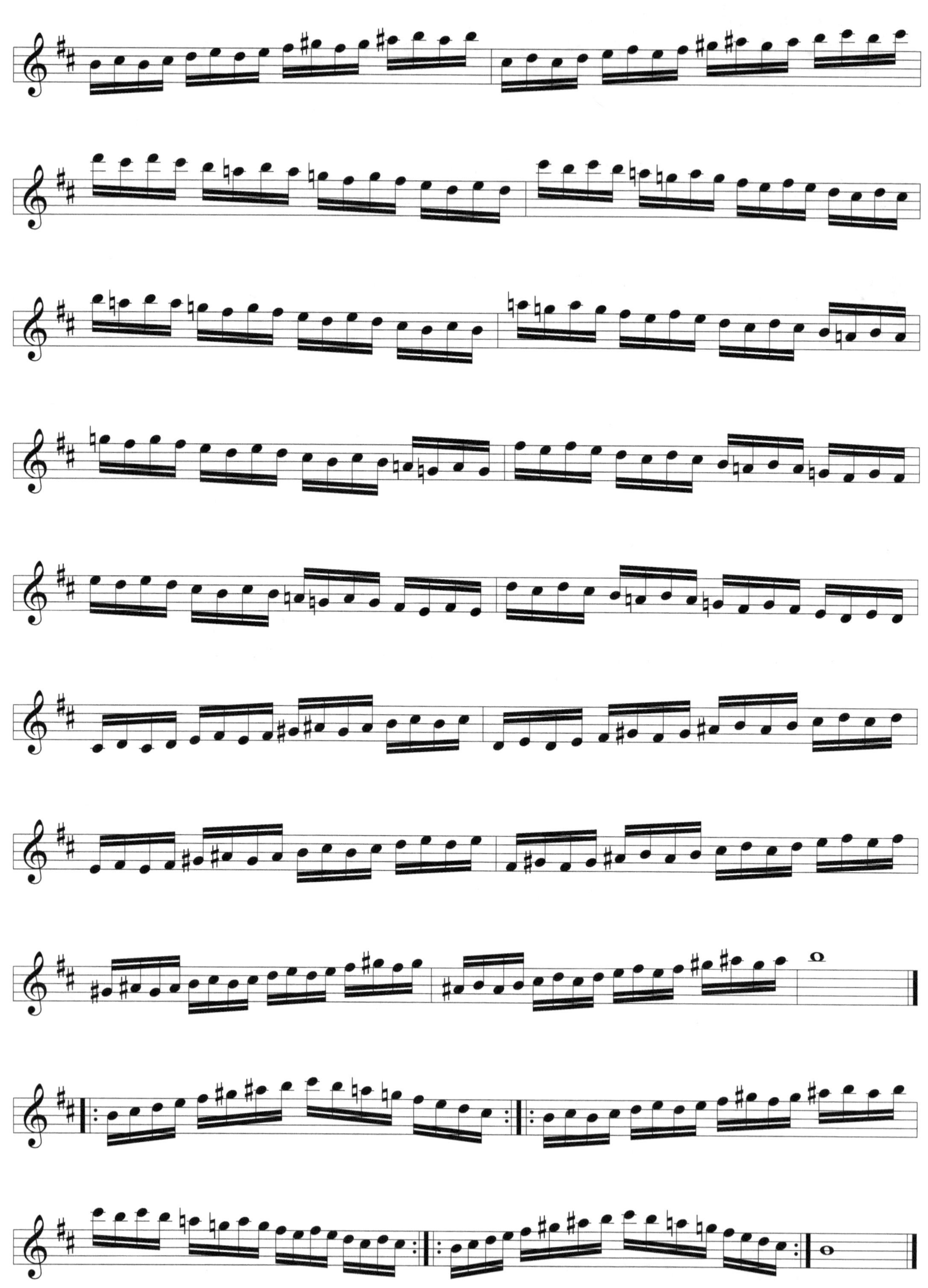

Si minore di J.S. Bach

Mi ♭ maggiore

Do minore armonica

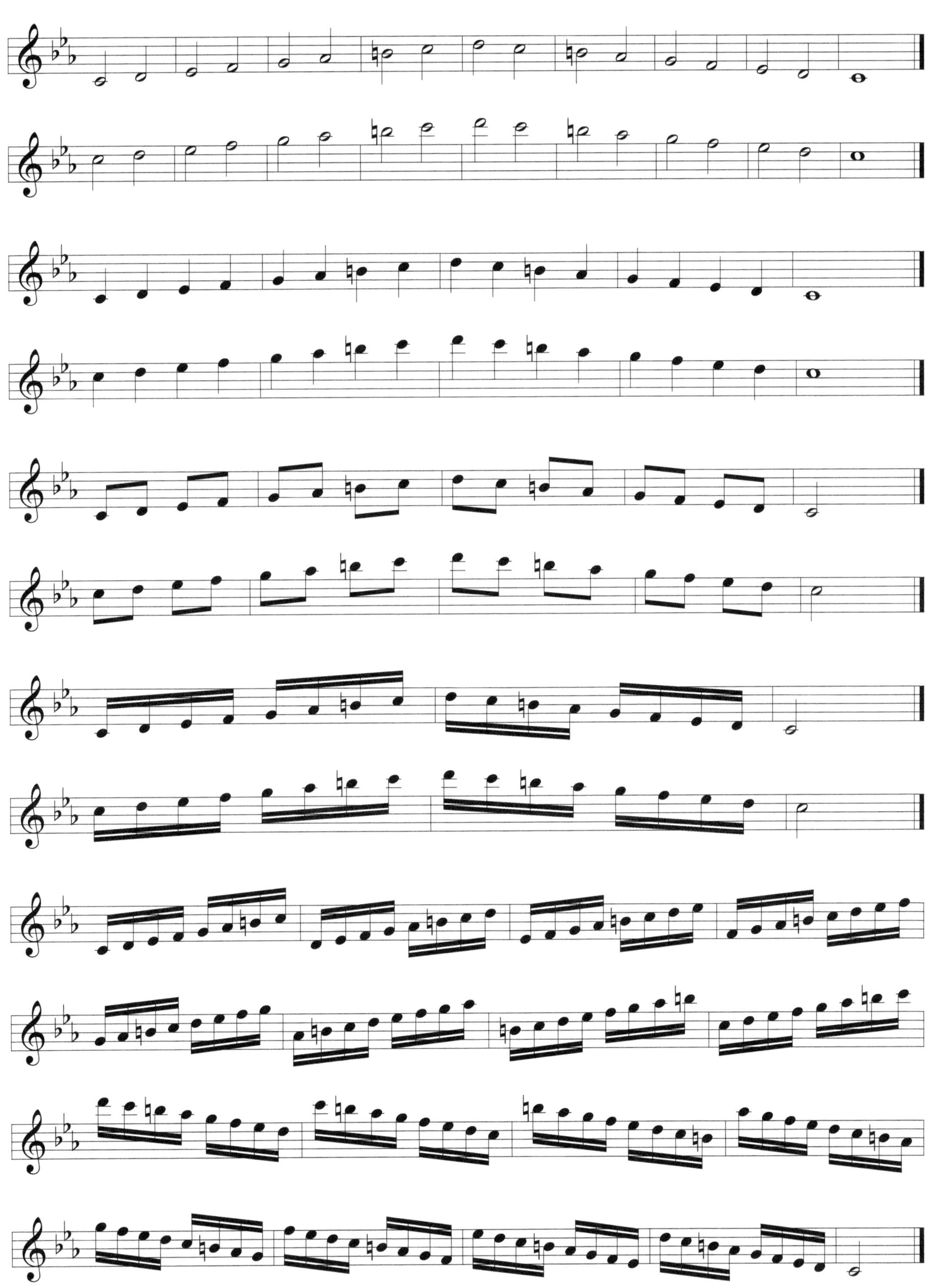

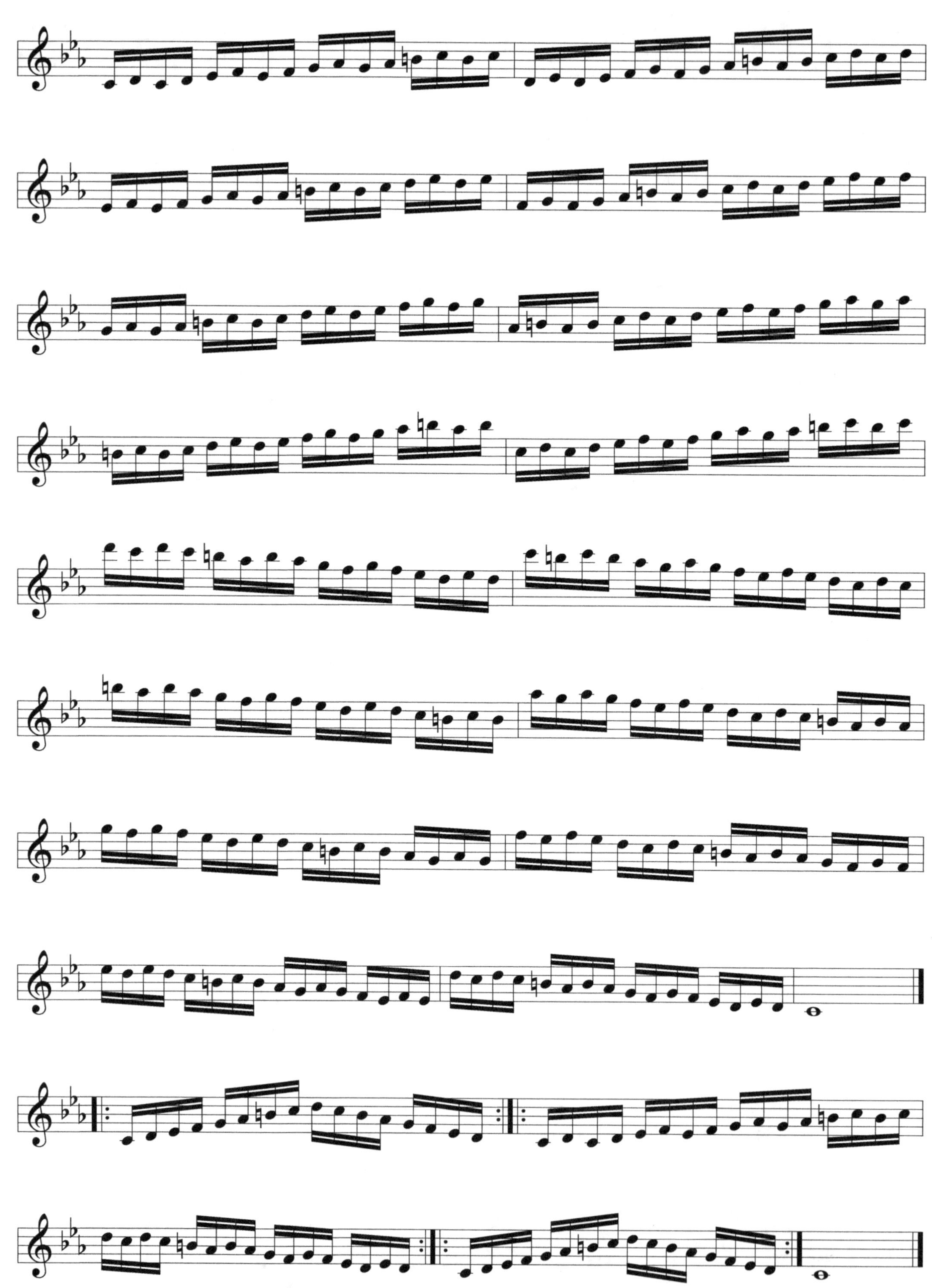

Do minore melodica

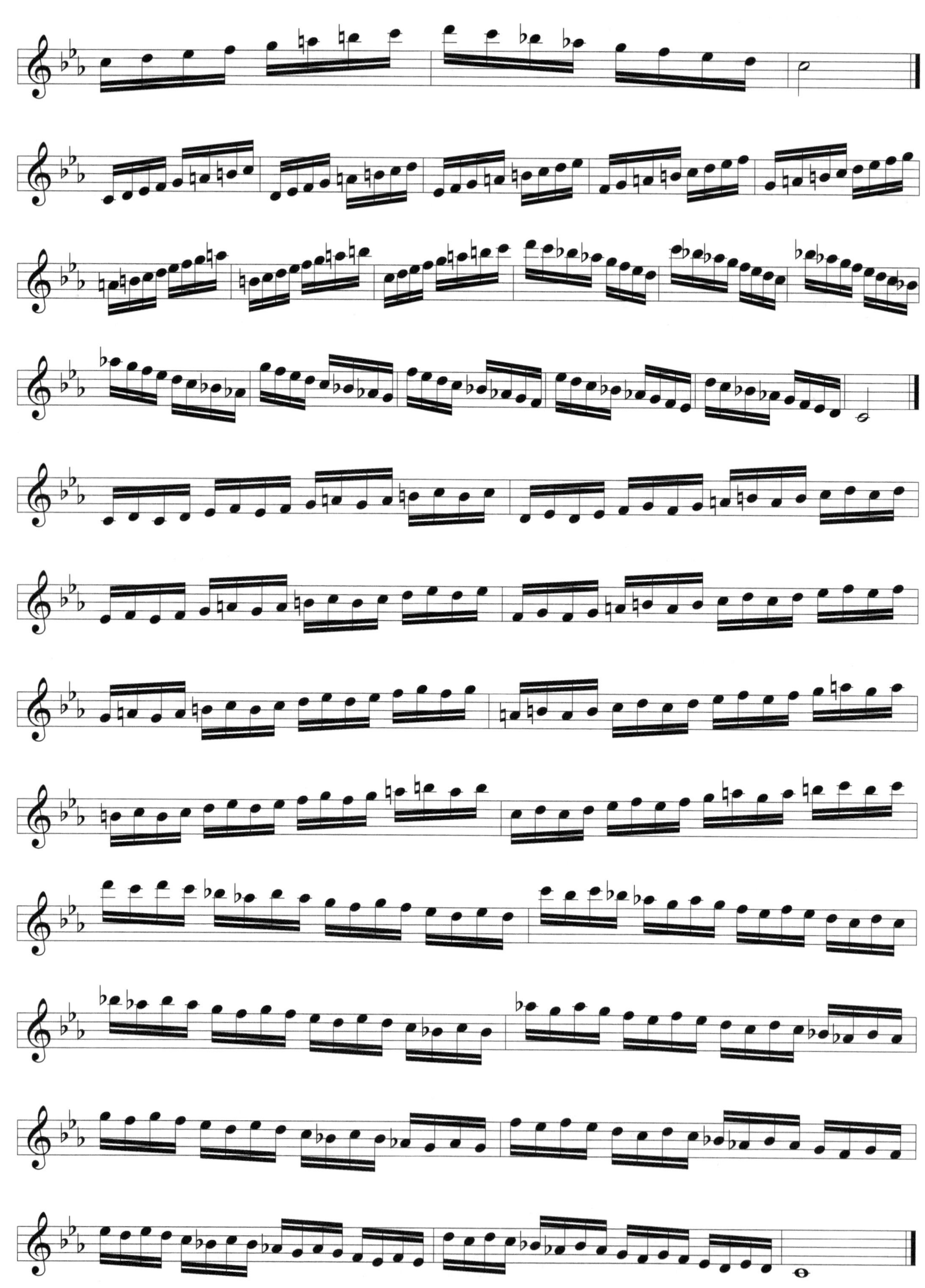

Do minore di J.S. Bach

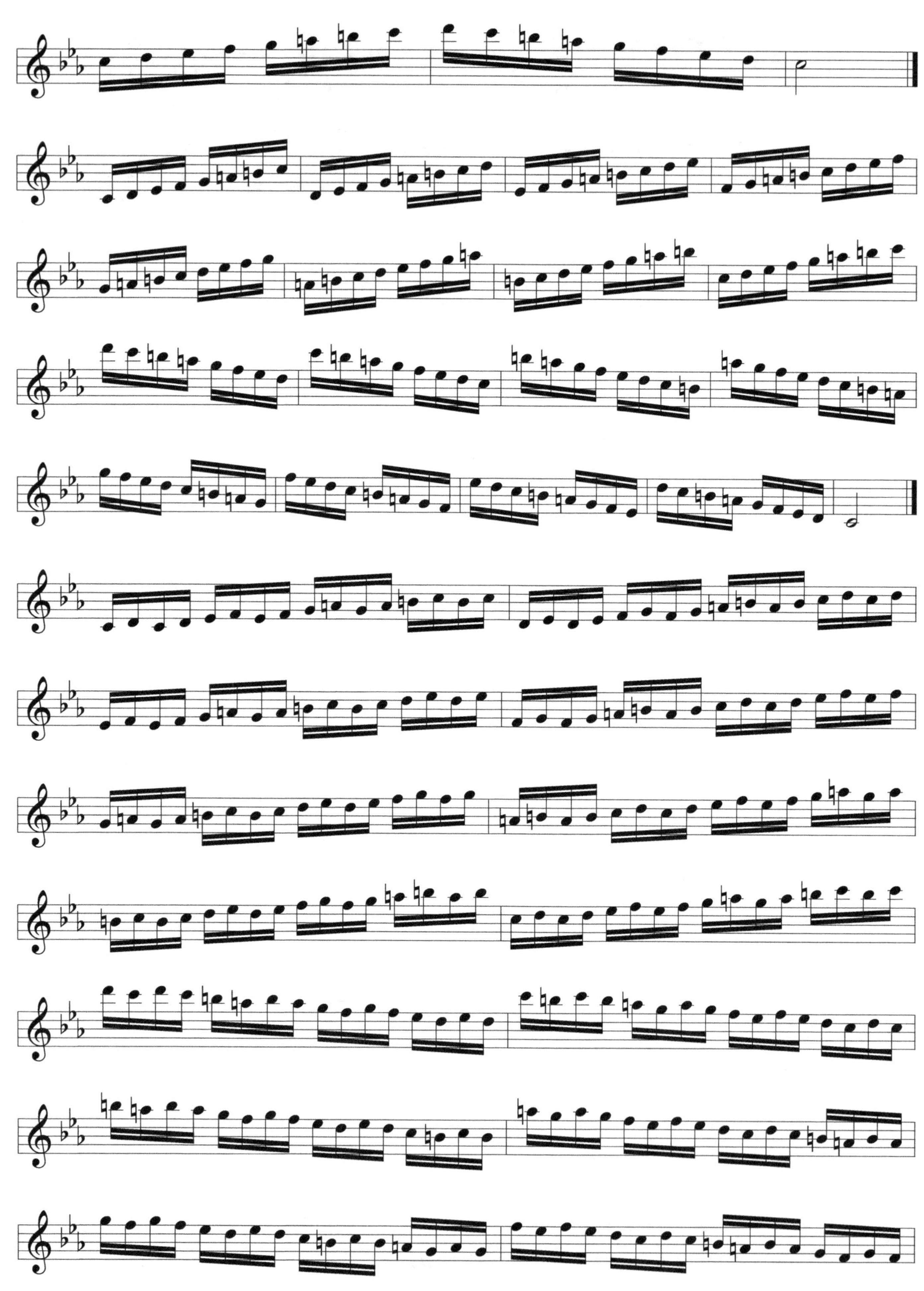

La maggiore

Fa # minore armonica

Fa # minore melodica

Fa ♯ minore di J.S. Bach

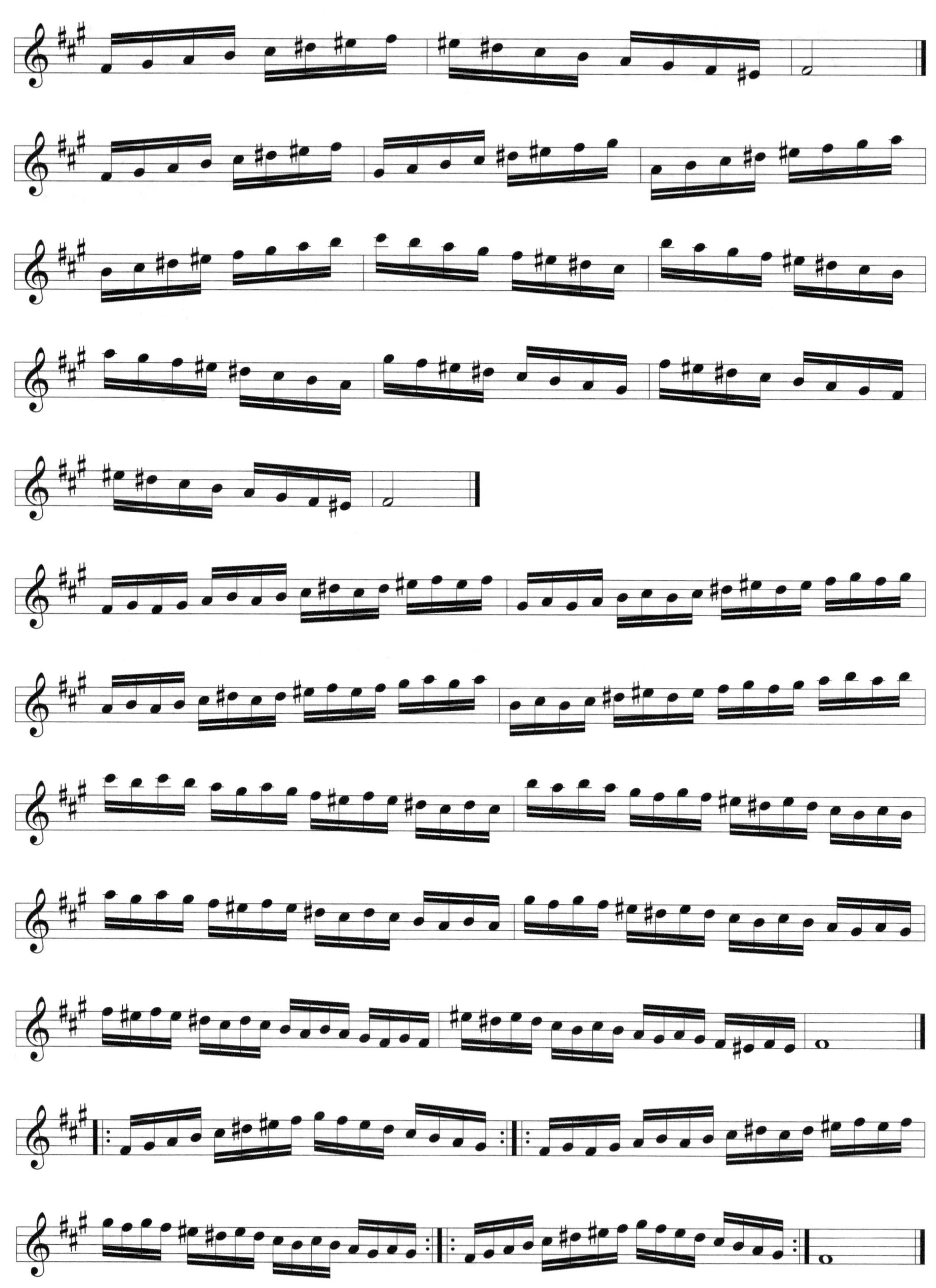

La ♭ maggiore

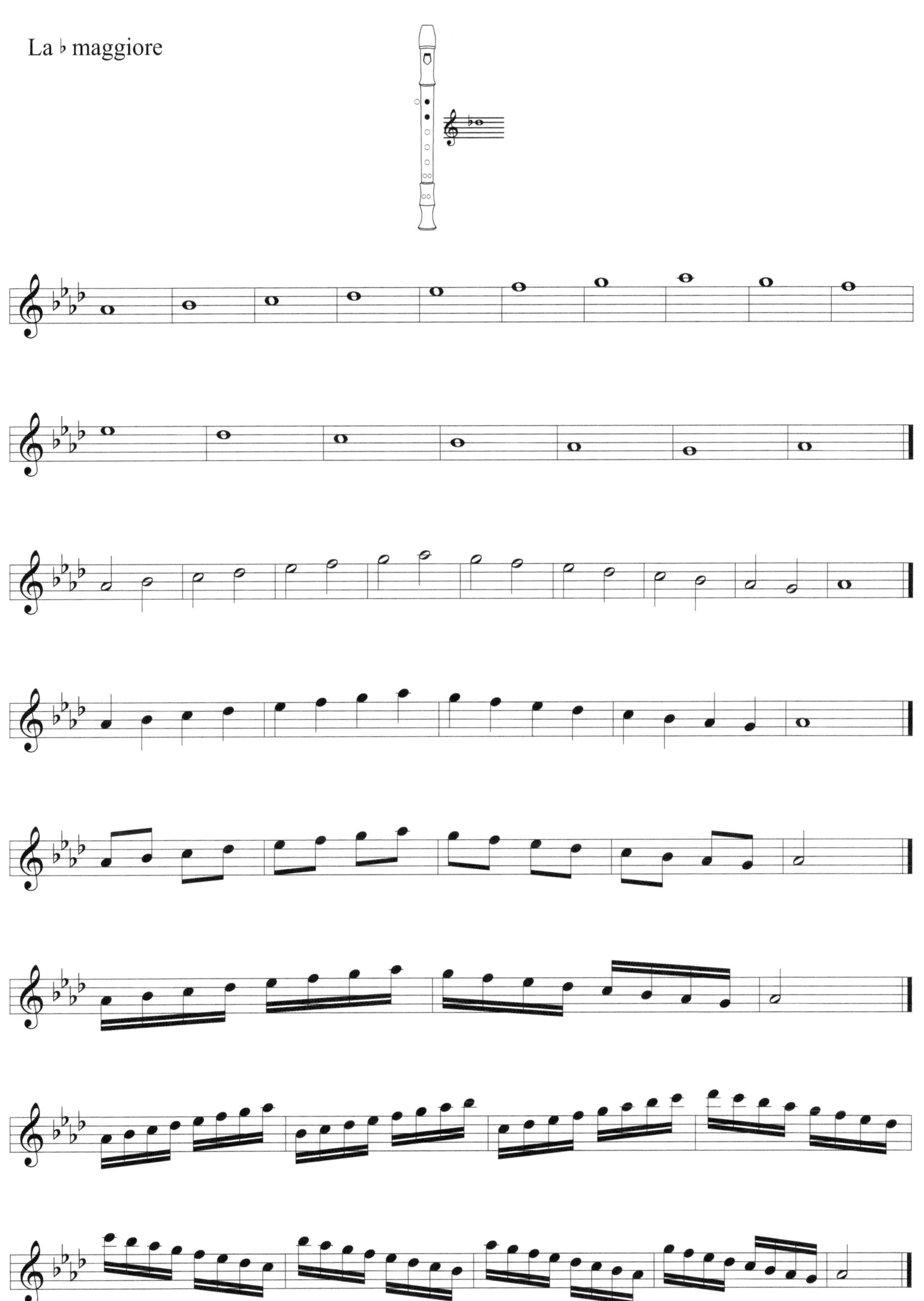

Fa minore armonica

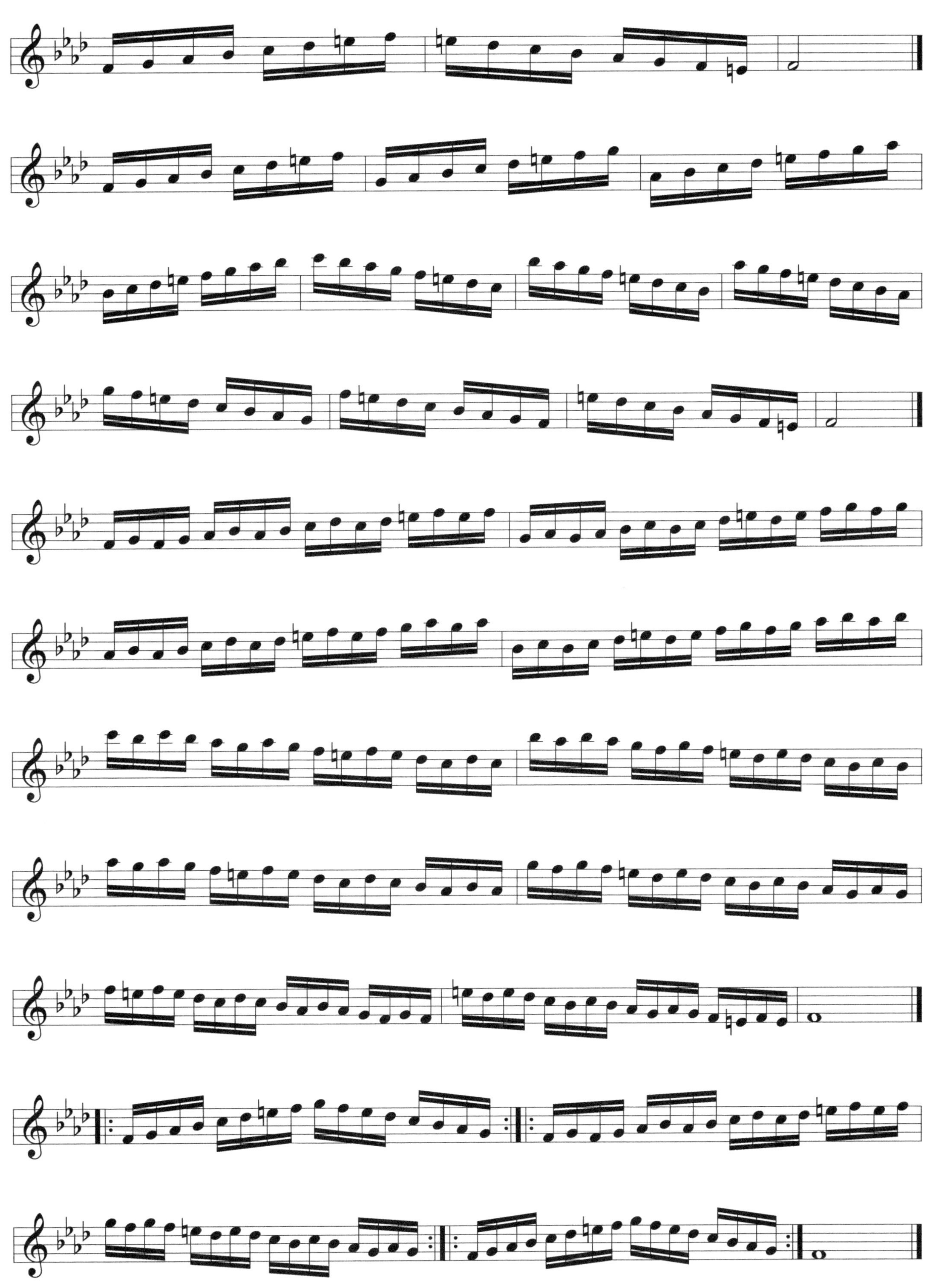

Fa minore melodica

Fa minore di J.S. Bach

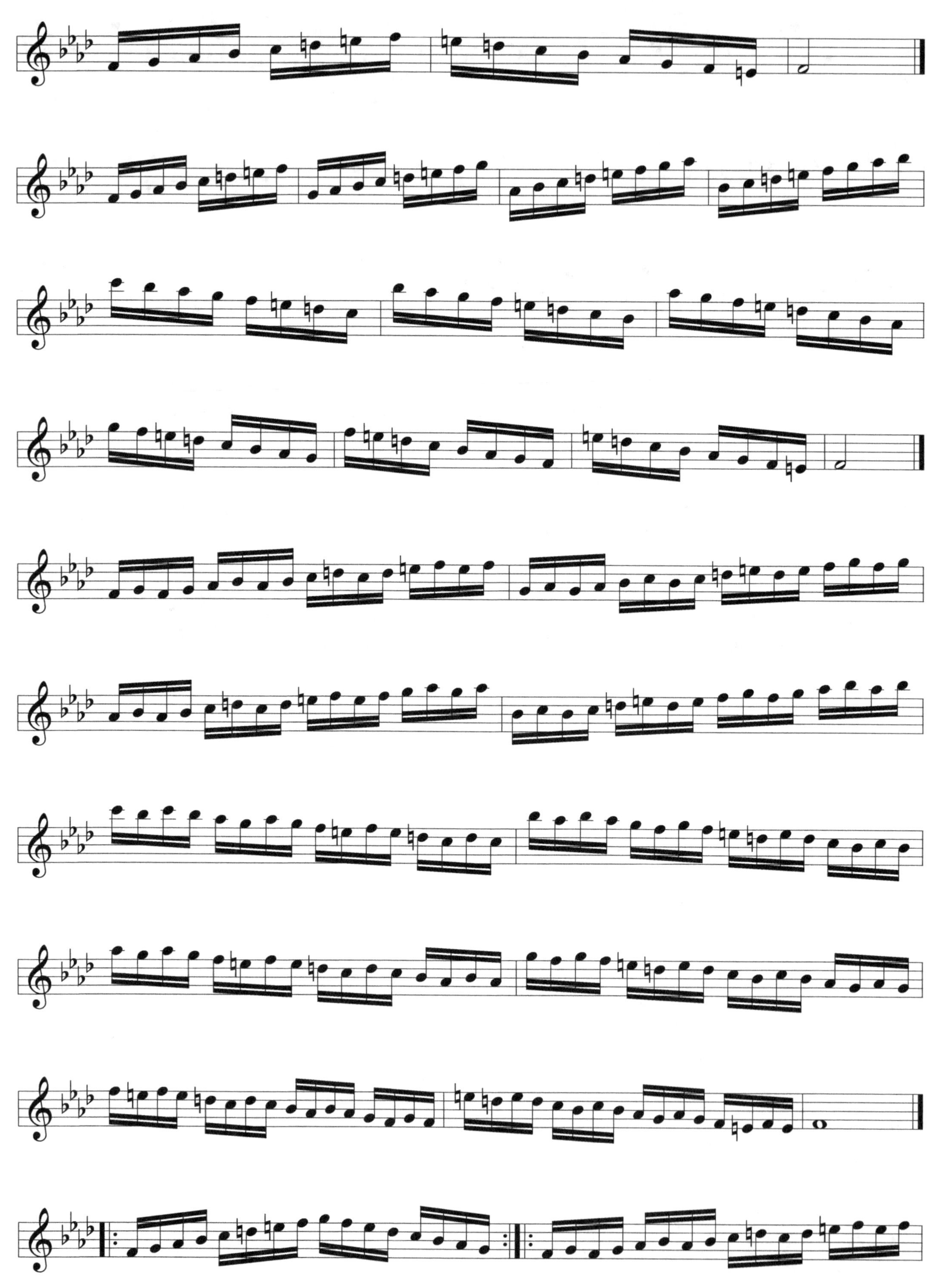

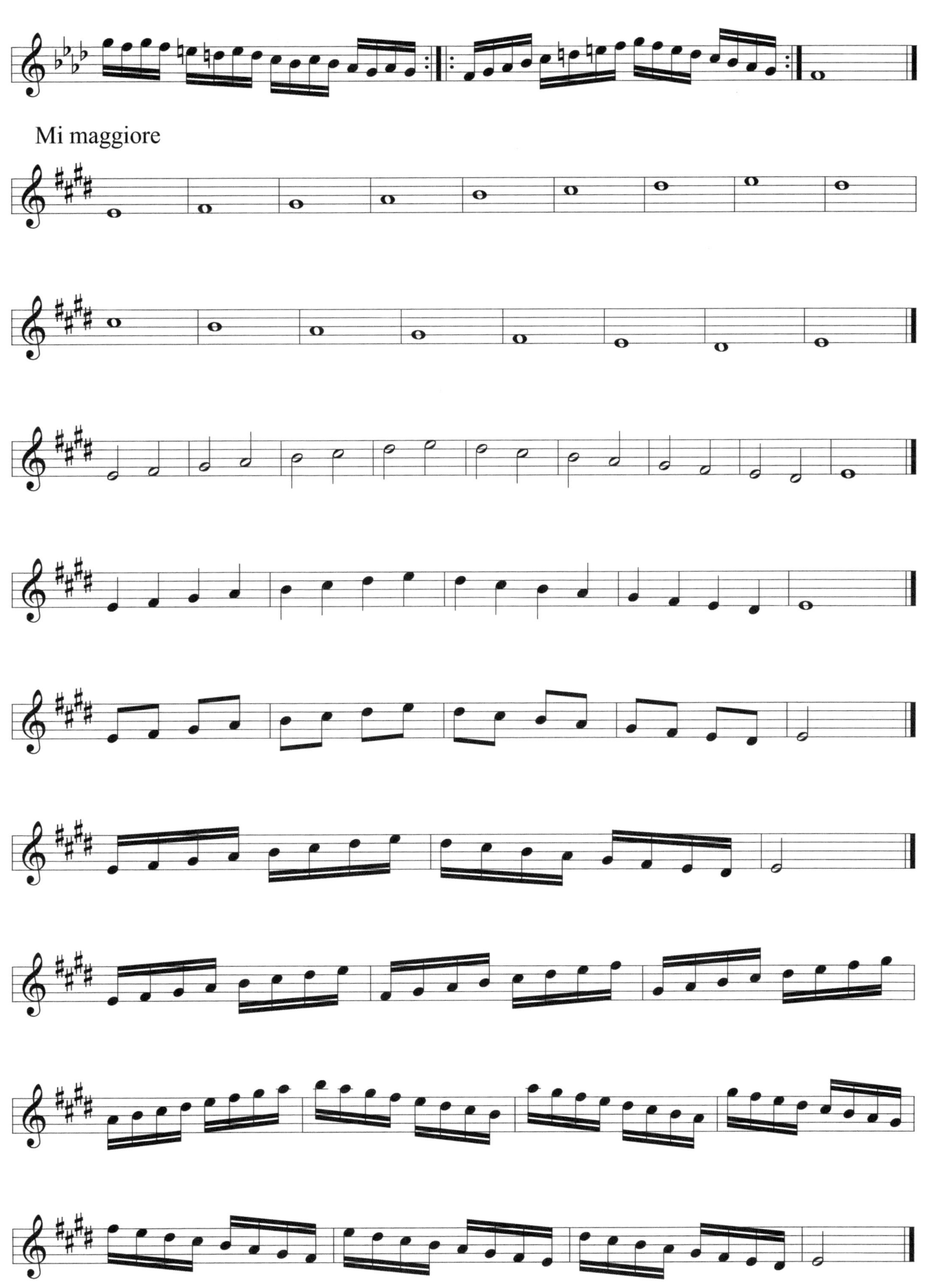
Mi maggiore

Do # minore armonica

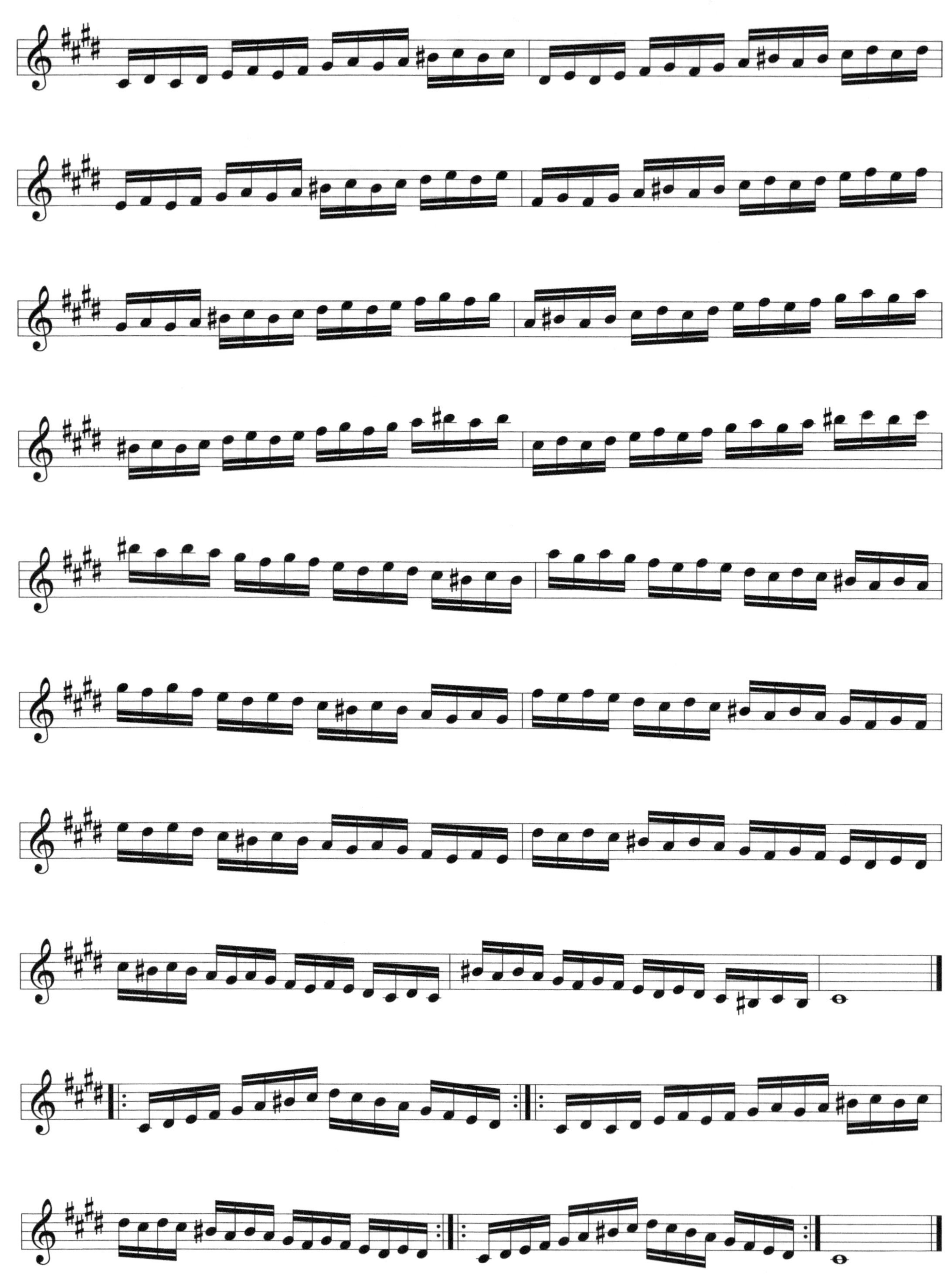

Do # minore melodica

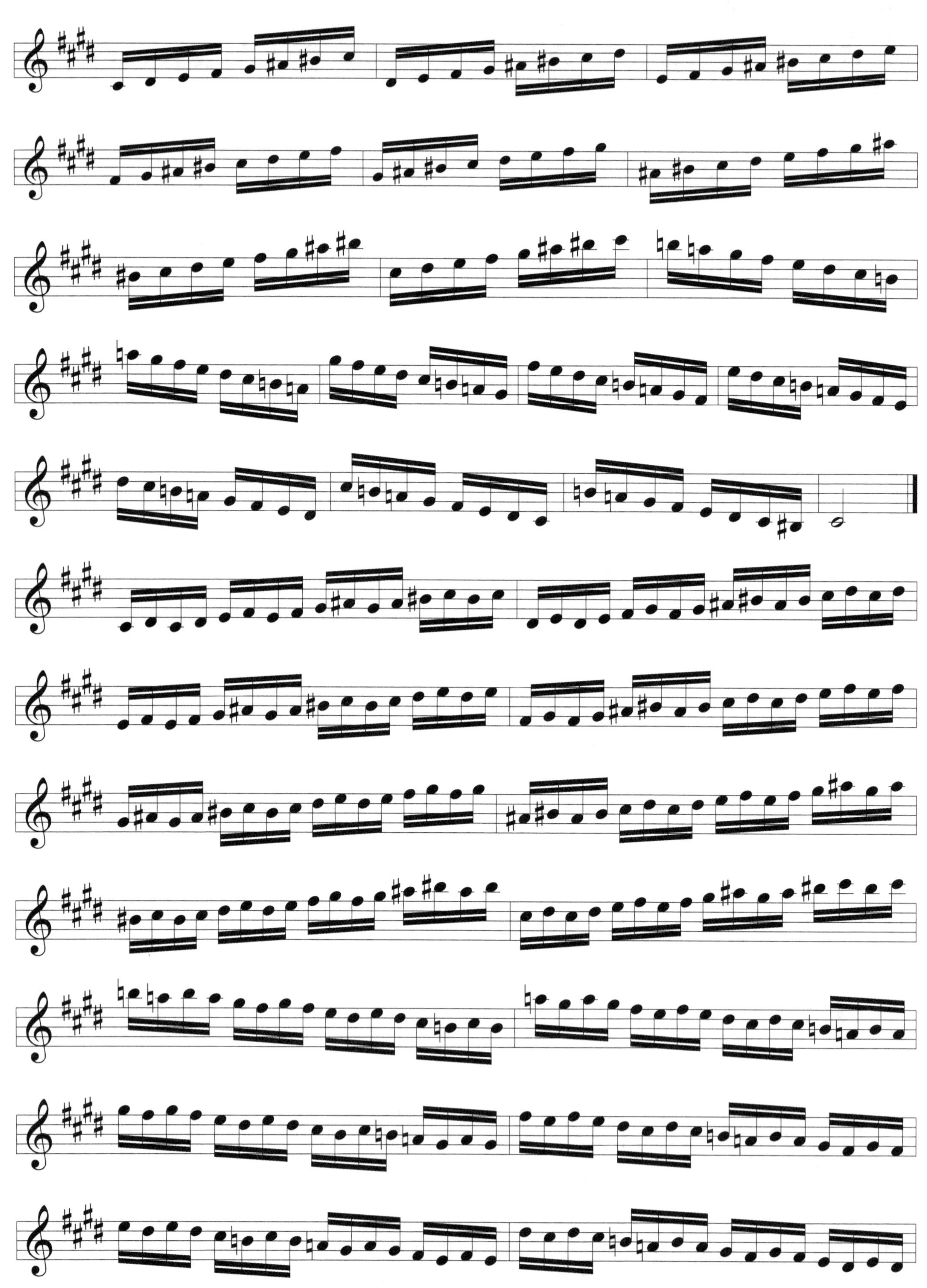

Do # minore di J.S. Bach

Finito di stampare nel mese di Settembre 2014
per conto di Youcanprint *Self - Publishing*